法布爾爺爺教我的事

躲藏專家—避債蛾

文／小林清之介　　圖／金尾惠子　　監修／須田孫七
譯／張東君　　審訂／徐堉峰（臺師大生命科學系教授）

遠流出版公司

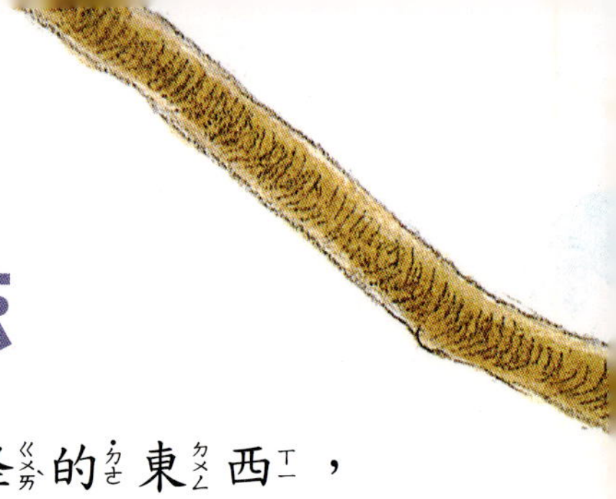

用樹葉和小樹枝做成的蓑衣

咦，院子裡的櫻花樹上垂掛著奇怪的東西，
看起來好像是枯葉的碎片。
即使樹在搖動，也不會掉下來；
有風吹過，也不會被吹飛。
這到底是什麼東西呢？
啊，它動了，還慢慢的、緩緩的移動。
哎呀，原來這是蟲呢。牠是避債蛾的幼蟲。
從前的人在下雨天會穿上一種叫做「蓑衣」的東西去工作。蓑衣就是古時候的雨衣，用稻草編織而成。
避債蛾幼蟲的外形和穿著蓑衣的人很像，也因此，牠們又叫做「蓑衣蟲」。

◀穿著蓑衣的人

※編註：本書的主角避債蛾是簑蛾科昆蟲的泛稱，牠們包在簑衣內移動的行為很像是背著家當躲債的人，所以有了這樣的名稱。

避債蛾幼蟲靈巧的順著樹枝爬到葉子旁，
然後從葉子邊緣開始吃了起來，
一副津津有味的樣子。 在牠們旁邊就能聽到
「啪哩啪哩、 啪哩啪哩」 這樣小小的聲音。
牠們的蓑衣仍舊穿在身上，
看起來好像很重的樣子。
脫下來不就好了？ 不過牠們不會這樣做；
牠們總是披著蓑衣過日子。
避債蛾蓑衣的上面和下面都有洞，
移動或吃葉子時， 牠們會把頭或胸部
從上面的洞伸出來；
大便的時候則從下面的洞露出屁股，
砰咚、 砰咚！ 很耐人尋味吧。

讓我們抓一隻避債蛾幼蟲來看看吧。

只要把手指靠過去， 哎呀哎呀，

避債蛾幼蟲就像在說「哇！ 好可怕」般的

把身體縮到蓑衣裡。

就像蝸牛身上揹著重重的殼，

龜類身上也揹著甲殼； 遇到可怕的事情，

牠們會把身體縮進自己的殼裡。

原來弱小的動物都是用這種方式保護自己呢。

避債蛾幼蟲也一樣，

牠們是用蓑衣來保護自己的身體。

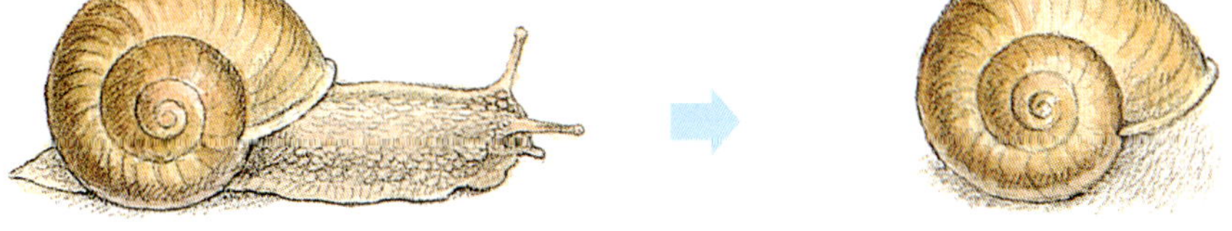

蝸牛

烏龜

隱藏在蓑衣裡面的避債蛾幼蟲
到底是什麼模樣呢？
讓我們打開蓑衣看看裡面的情況吧。
蓑衣非常堅固，光用手拉扯是沒辦法打開的，
只好用剪刀剪剪看了。
哎呀，從裡面冒出來的是圓滾滾的胖胖蟲呢。
牠長得和蛾類的幼蟲很像。這是當然的啦，
因為避債蛾幼蟲和其他蛾的幼蟲一樣，
都是蛾類的寶寶啊。
不過這件事之後再來談。
哎呀呀，從蓑衣裡被抓出來的避債蛾幼蟲
正困惑的爬來爬去，假如不讓牠們做件
新蓑衣的話，就太可憐了。

把樹葉和小樹枝放進箱子裡，

再把避債蛾幼蟲放在那上面吧。

咦， 避債蛾幼蟲從嘴裡吐出絲來，

開始把樹葉或小樹枝聚攏在一起，

讓絲滿滿的黏在樹枝或樹葉的背面。

哈哈哈， 原來這樣就可以做出堅固的蓑衣啊。

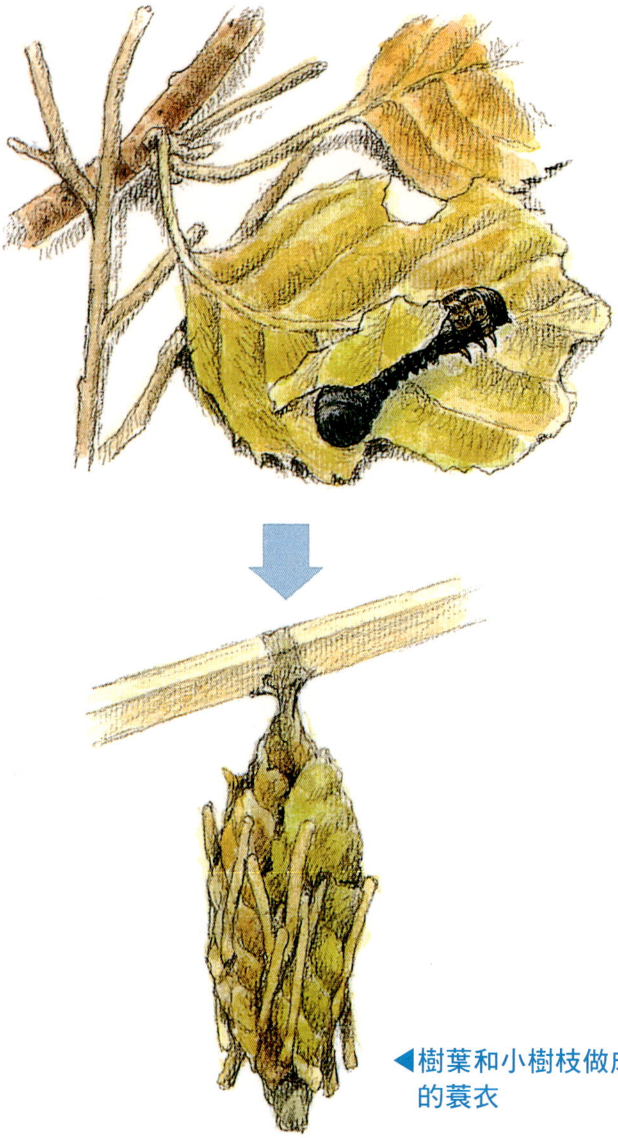

◀樹葉和小樹枝做成的蓑衣

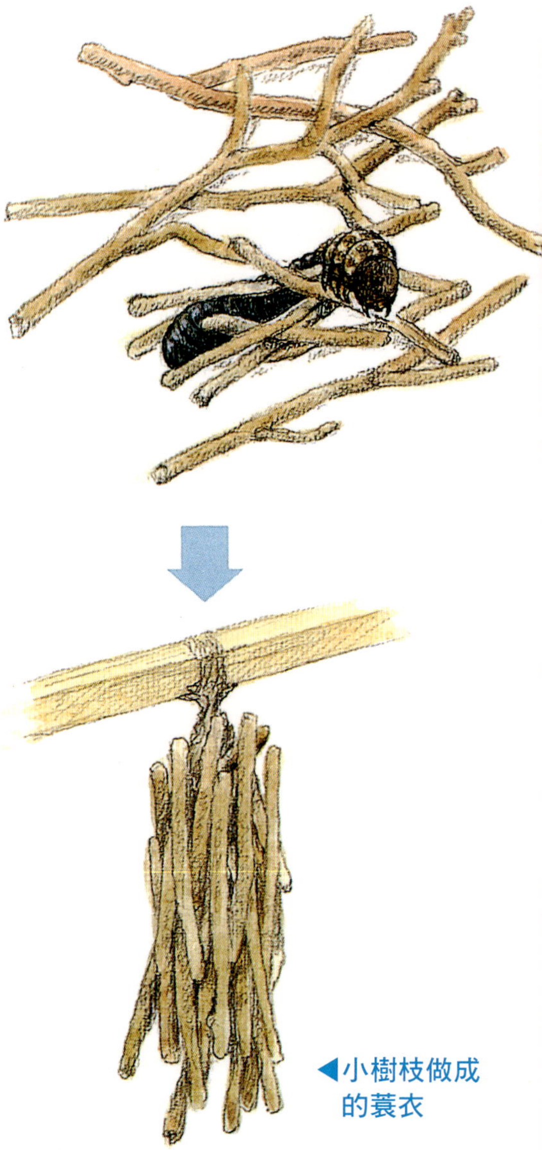

◀小樹枝做成的蓑衣

接下來，試著用別的東西讓牠們做蓑衣吧，

像是裁得很細的色紙、毛線頭……

避債蛾幼蟲並不會說：「我討厭這種奇怪的東西。」

牠們還是會勤奮的用這些東西製作蓑衣。

過了一小時左右，瞧，做出這麼漂亮的蓑衣呢。

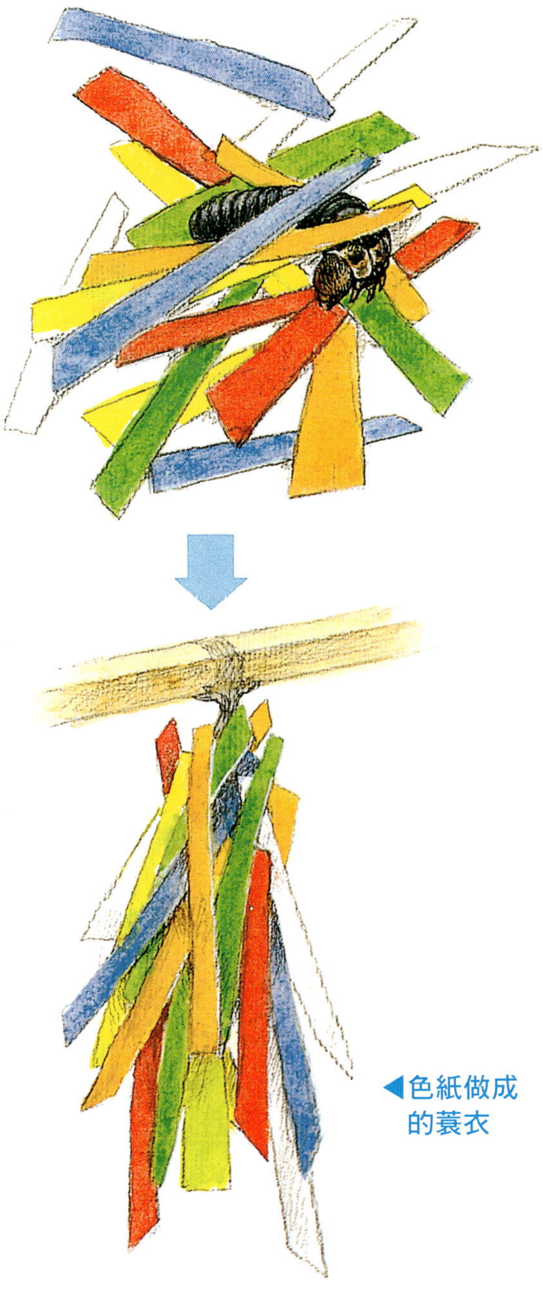

◀色紙做成的蓑衣

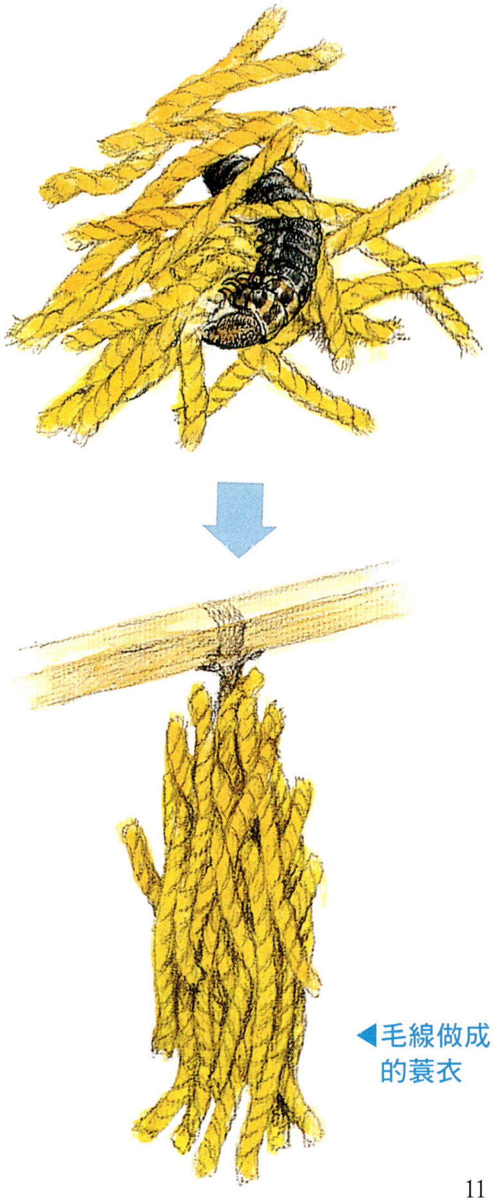

◀毛線做成的蓑衣

寒冷的冬天即將到來，
怕冷的避債蛾幼蟲變得
愈來愈沒活力。
「啊啊，我好睏喔。讓我一路
睡到春天吧。」
牠把蓑衣牢牢的纏在樹枝上。
寒冷的北風讓蓑衣像鞦韆一般
盪來盪去，
可是它並不會斷掉，
也不會被風吹走。
避債蛾的幼蟲在暖和的蓑衣中
睡得很熟、很熟。

保護避債蛾幼蟲的蓑衣既溫暖又堅固。

原來如此，還真是方便，

但是敵不過大山雀這種鳥。

冬天是很難找到食物的季節，

大山雀只要發現避債蛾就會心花怒放。

牠們會用尖銳、強壯的嘴喙不停啄著

避債蛾幼蟲身上的蓑衣，在上面打洞。

然後把避債蛾幼蟲拖出來，

吞到肚子裡。

剩下來的就只是空蕩蕩的蓑衣了。

脫下蓑衣的雄蟲和穿蓑衣的雌蟲

溫暖的春天來了。 沒有被鳥吃掉而殘存下來的避債蛾幼蟲也醒了。

哎呀哎呀， 原來避債蛾幼蟲在蓑衣裡面會頭下腳上倒過來啊。

▲醒來的避債蛾幼蟲

▲化蛹時會轉成頭下腳上的避債蛾幼蟲

接下來，牠會蛻皮變成蛹，在蛹裡睡上一個月左右，再用頭把蓑衣下方撞開。「嗨喲、嘿喲！」看吧，已經變為成蟲的避債蛾從蛹裡跑了出來。

▲蛹

▶變為成蟲的避債蛾

避債蛾成蟲是茶色的小型蛾，
脫下蓑衣之後，就變成有翅膀的避債蛾。
但不可思議的是，只有雄蟲會變成飛蛾；
雌蟲則是以牠肥肥的蠕蟲外形，
一直披著蓑衣過日子。真是很可憐啊。
不過話說回來，雌蟲也會做些很棒的事。
牠們能夠朝四周釋放出很香的氣味，
這氣味只有避債蛾雄蟲才偵測得到。
「哇！好香，附近應該有漂亮小姐吧。」
避債蛾雄蟲以觸鬚前端嗅到氣味之後，
就會急急忙忙朝著雌蟲所在位置飛去。

▲雄蟲

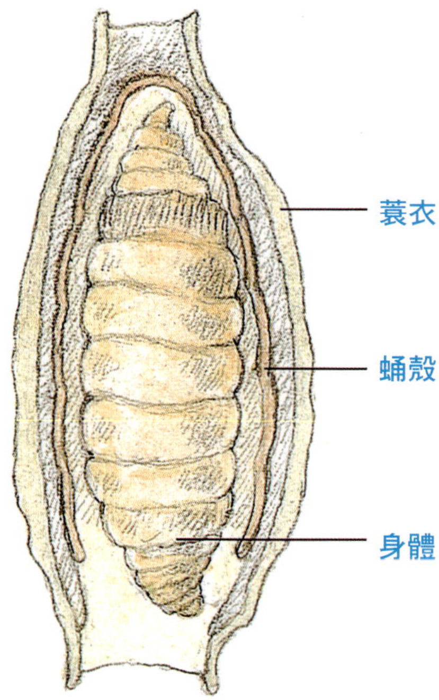

▲雌蟲

「晚安，有美妙香氣的小姐。」
雄避債蛾停在雌避債蛾的蓑衣上。
就這樣，雄蟲和雌蟲立刻變得很要好，
這一定會發生在日落時分、
四周開始變暗的時刻。
在靜謐的傍晚，避債蛾開始舉行
剪影畫般的婚禮，
那是一場極不可思議的結婚典禮，
長了翅膀的雄蟲和有如毛蟲般的雌蟲
就這樣在一起了。

結婚典禮隔天，雌避債蛾就會產卵，
蓑衣裡面逐漸累積許多白色小點點。
然而，雌避債蛾的身體卻慢慢凋萎、變小。
卵大概在兩個星期之後孵化。
避債蛾媽媽在看到寶寶們的樣子之後，
就會從蓑衣裡面「砰咚」一聲掉下來死去。
噢，孵化出來的寶寶數量真是非常多。
牠們一旦出來到蓑衣外面，
便各自從嘴裡吐出絲，懸掛在絲上，
細絲被風吹過之後就會斷掉。
「大家再見囉！」「保重喔，再見。」
避債蛾的寶寶們有的往這裡、有的往那裡，
四散到各處去了。

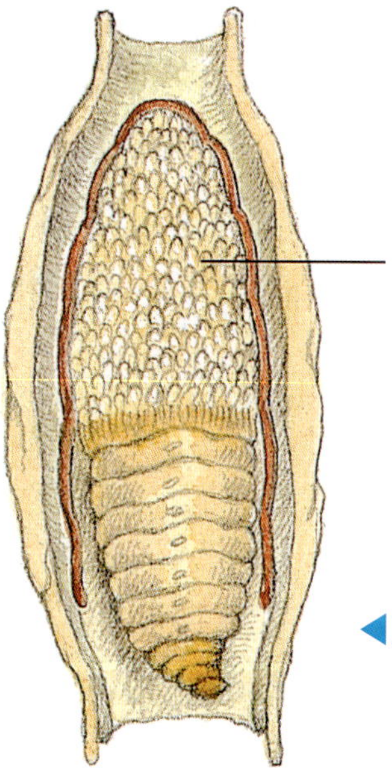

卵（一次產下3000到4500顆卵）

◀產卵的雌蟲

與兄弟姊妹分離各自生活，還真是寂寞啊。
但是，如果幾千隻兄弟姊妹都在一起，
到底會發生什麼事呢？
一定會因為食物被吃光光，
而讓大家都死翹翹吧？
為了讓每一隻蟲都能生存下來，
因此要像這樣分開來生活。
你看看那邊，被吹到附近樹上的避債蛾寶寶
馬上開始製作蓑衣了。
做好蓑衣之後，牠就「嗨喲、嗨喲」的
開始揹著蓑衣爬行。
雖然還很幼小，卻已經是個獨立自主的
避債蛾幼蟲了。
就像這樣，到處都有新生的避債蛾幼蟲
開始牠們的新生活。

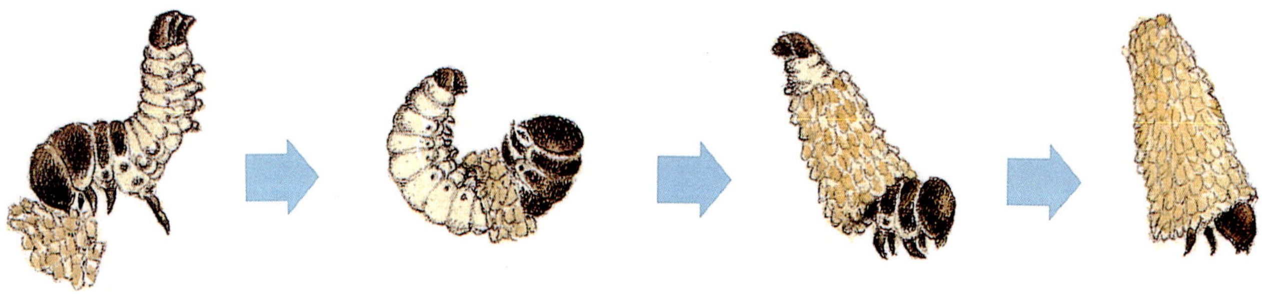

①啃下樹葉或小樹枝……

②用嘴裡吐出來的絲將樹葉或小樹枝黏在身體上。

③一個接一個黏到身體之後……

④瞧，變成一件完整的蓑衣了。

觀察避債蛾幼蟲

現在是冬天。在葉片掉光的樹枝上，

偶爾可以看見吊掛著的避債蛾幼蟲。

避債蛾幼蟲在溫暖的春天來臨之前，

都會在蓑衣裡面熟睡著。

雖然避債蛾是我們生活周遭很常見的昆蟲，

但是很少人知道牠們的生活型態。

多虧了法布爾爺爺，才讓我們逐漸了解避債蛾

不可思議的生活。

抓避債蛾非常簡單，大家也實際觀察看看吧，

一定可以發現有趣的事喔。

觀察如何吃葉子〈六月到十月左右可以看見〉

▲露出臉來吃葉子的避債蛾幼蟲

●沒有葉子的時候……

會順著細絲飄動或爬行，到有葉子的地方去。

●要大便的時候……

會從蓑衣裡伸出屁股，往下方排便。

觀察如何製作蓑衣〈八月到十月左右可以看見〉

●取出避債蛾幼蟲的方法

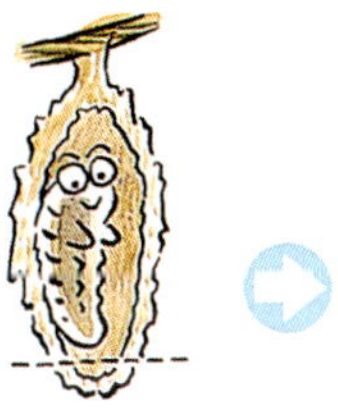

在蓑衣下方開個口，把剪刀伸進去慢慢剪開。小心不要傷到避債蛾幼蟲。

●讓牠們製作蓑衣

把避債蛾的幼蟲放在裁切成長條狀的色紙或毛線上，牠們就會做出漂亮的蓑衣。

▲用各種不同材料製作出來的蓑衣

觀察避債蛾的寶寶〈六到九月左右可以看見〉

▲從蓑衣裡出來的雄避債蛾

避債蛾的雄蟲和雌蟲結婚後，雌蟲會產卵。

▲從卵裡孵出來的寶寶立刻就開始製作蓑衣，在裡面生活。

蛾類一族

大部分的蛾在幼蟲時期吃葉子長大，變為成蟲之後就什麼也不吃了。

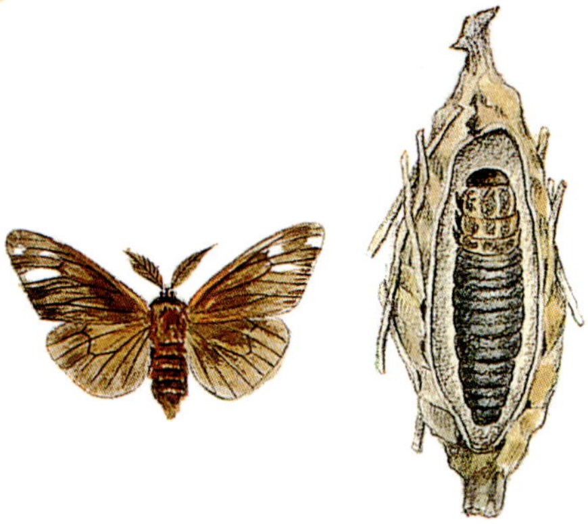

大避債蛾（30～40mm）
本書中出場的蛾。以櫻樹、梅樹的葉子為食物。

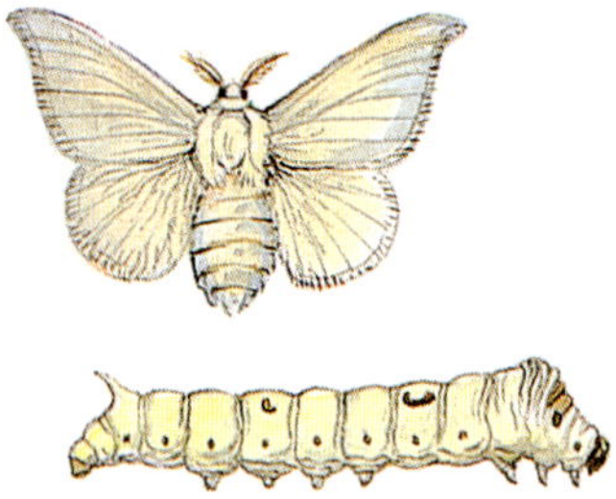

蠶蛾（約40mm）
人類為了取得蠶絲，就會飼養牠們。牠們以桑樹等植物葉子為食物。

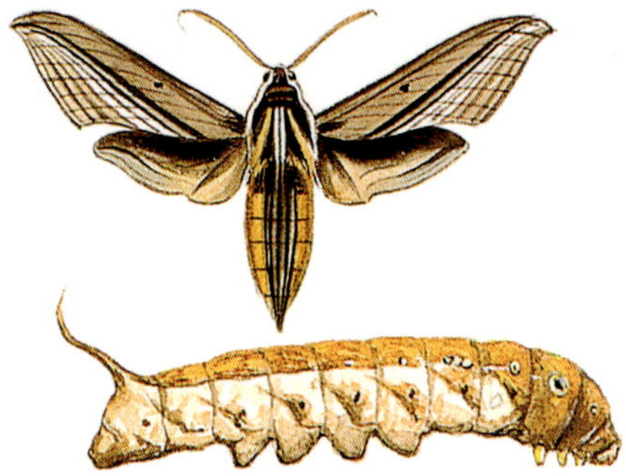

日本斜紋天蛾（55～70mm）
成蟲會吸食花蜜，以葡萄、爬牆虎等植物葉子為食物。

直脈青尺蛾（45～55mm）
幼蟲又稱為「尺蠖」，以麻櫟、栗樹等的樹葉為食物。

美國白蛾（24～28mm）
幼蟲是會吃各種不同樹葉的害蟲，以梧桐、櫻樹等植物葉子為食物。

松枯葉蛾（45～90mm）
幼蟲是會吃松樹葉的害蟲。

大透目天蠶蛾（120～150mm）
可從牠們的繭取絲，以麻櫟、枹櫟等植物葉子為食物。

※蟲名之後的數字表示成蟲展翅的寬度。

插圖／間瀨直方、金尾惠子、山崎錬三

回憶中的寶石、黃金與避債蛾

小林清之介

●第七卷的隨筆文〈沼澤〉

在〈昆蟲記〉原著中，避債蛾幼蟲的故事和捲葉象鼻蟲、象鼻蟲等一起記載在第七卷。〈昆蟲記〉的原名是〈昆蟲學的回憶錄〉，我以前說過書中隨處可見法布爾的自傳式回憶。這一卷中，在避債蛾幼蟲之前有一篇名為〈沼澤〉的隨筆，法布爾在文中敘述了他孩提時候快樂卻摻雜苦澀的回憶。

法布爾的老家位在山坡上，不遠處有一座沼澤。他的工作就是把家裡飼養的幾隻鴨子帶到沼澤裡游泳，讓牠們在那裡吃蝌蚪或小型貝類、藻類等食物。把鴨子放下水後，法布爾會製作小水車來玩，玩膩了還會把小石頭堆疊起來做個水壩。由於剛好夠用的大小石頭並不多，他也會用別的石頭來把大石頭敲碎，於是他發現在碎裂的石頭裡有東西在發光。

●鑽石與砂金？

法布爾認為那肯定是在故事裡聽過的鑽石。而在河口處有閃耀著金光的砂子在水中旋繞，那八成就是砂金。法布爾開心得不得了，他以為這麼一來，村子裡最貧窮的人家隔天就能變富裕了。除此之外，他還找到了漂亮的金龜子以及如螺紋貝殼般的奇特石頭。高興萬分的法布爾回家之後，被父母罵了很久。「這是鑽石和黃金？別傻了，不過是石英和雲母的粉末而已。」「把自己的口袋弄出這麼多洞，真是個傷腦筋的孩子。你又去抓蟲啦！有些蟲子有毒呢。」法布爾感到很沮喪，雖然他的父母也不知道有螺紋的石頭到底是什麼東西。其實，那是鸚鵡螺的化石。

法布爾始自孩提時代的好奇心，乍看之下有點愚蠢，其實那就是讓「科學研究的心」萌芽的重要基礎，而他的這種習慣也一直延續下去。「在生物之中，只有人類能感受到將世界謎團一個個解開時的喜悅。人生的目的並不在於致富，而是為了從未知的世界迸出新的光芒，並為此努力不懈。」

在法布爾撰寫〈昆蟲記〉第七卷時，他的家庭經濟陷入了困境。他或許就是為了幫自己加油打氣才寫了〈沼澤〉這篇文章吧。

●蓑衣蟲、布袋蟲、竹籠蟲

雖然法布爾觀察的是歐洲蓑蛾，但本書則是以我們住家附近最常見的大避債蛾為主角。牠們的蓑衣像個地瓜，約有五公分大，周圍是用樹葉或樹枝黏在一起製成，不過樹枝的數量沒有茶避債蛾那麼多。茶避債蛾也是住宅區常見的種類，牠們的蓑衣約三公分大，較有稜角，外側有和蓑衣相同長度或長一點的小樹枝，以豎直的方式黏得滿滿都是。

除此之外，還有棲息在草原上的草原避債蛾，牠們沒有前面兩種那麼多。牠們是把結縷草、薹草等禾本科雜草的葉子豎直縱向貼在身上，看起來就像人類穿的蓑衣。歐美的人將避債蛾幼蟲的蓑衣看成袋子或燈籠，因此有布袋蟲（bagworm）或竹籠蟲（basket worm）等稱呼。

導讀

昆蟲故事讓孩子更尊重生命

有一次，在兒童讀書會裡我們討論令自己害怕的東西。有人說蛇，有人說狗、蟑螂或老鼠，其中一個男孩卻說他最怕「蝴蝶」，因為蝴蝶會飛來飛去，很可怕。我感到很訝異，其他小朋友也覺得他很奇怪，後來，才知道他媽媽更怕蝴蝶，看到蝴蝶會驚叫，我想，他應該是受到媽媽的影響吧！

就像那位怕蝴蝶的媽媽一樣，很多人對昆蟲抱持敬而遠之的態度，覺得牠們髒，或對人類有威脅感。其實，昆蟲在我們共存的世界裡扮演極重要的角色，牠們有牠們的生存價值、生命哲學，我們不應該以人類的利益為考量，而強行干擾牠們的生存權。

生命教育不能狹隘的只尊重人類的生命，應該擴及大地萬物。「愛因了解而生」，教導孩子尊重生命，就從讓他們了解其他生物開始。當孩子對著一隻飛翔的泥蜂尖叫、閃躲時，他的害怕源自於「蜂有刺會叮人」這個防衛的心理。若是讓他們進一步了解泥蜂，告訴他們關於泥蜂媽媽育兒的故事，他們對這個生物的印象就會完全改觀。

我們可能沒辦法像法布爾爺爺那樣花四十年的時間去觀察昆蟲，為牠做記錄、做實驗，但是，我們可以透過閱讀來了解牠們。〈法布爾爺爺教我的事〉這套書讓我看了很感動，我感動寫故事的人那麼尊重昆蟲，文筆細膩溫柔；畫故事的人那麼認真揮灑，圖像生動逼真；還有編輯那麼細心，在每一本書後面附上簡單扼要又讓人一目了然的說明。

如果你身邊有人害怕昆蟲，就講個昆蟲的故事給他聽吧！而大人也要講有趣的昆蟲故事給小朋友聽，帶著他們用尊重、欣賞的態度去認識這個自然界的居民！

閱讀文化工作者 蔡淑媖

自然名家．真情推薦（依姓名筆劃排序）

這套繪本以生趣鮮明的手繪插圖，搭配淺顯生動的自然故事，非常精采！有幸先睹為快這套以〈昆蟲記〉內容改編的繪本時，發現身旁的孩子也爭相閱讀得津津有味。這系列的每一本書，都以法布爾爺爺作為號召，就連平日不愛閱讀的孩子都能被深深吸引、沉浸其中，是一套老少咸宜的自然觀察入門好書哩！

臺北市關渡國小校長 吳文德

我是從大學的時候開始接觸法布爾，那時遠流出了一套〈法布爾昆蟲記全集〉，我一看就停不下來，還做為我在臺大昆蟲系必修課程的報告主題。

從小我也是個充滿好奇心、喜歡觀察身邊小動物的小朋友，所以看到書中法布爾充滿耐心的驚人觀察力和詩人般的感受力與描述功力，儘管在這麼多年以後，仍然讓人忍不住讚歎。

這套〈法布爾爺爺教我的事〉有精美生動的生態插圖，加上作者將原文轉化成簡單易懂的文字，適合孩子閱讀，讓我打開書又再次掉進那個充滿驚喜的昆蟲世界裡，單純的享受一種發現的快樂，單純的感受生態世界帶給我的豐富美好。

昆蟲老師 吳沁婕

這套繪本以法國昆蟲學家法布爾的經典作品〈昆蟲記〉為依據，向小讀者介紹許多種昆蟲的生態。包括牠們的生命史、生存環境，以及生活方式。尤其是牠們為了「傳宗接代」替下一代所做的周到安排，更令我們不能不讚歎牠們的絕頂聰明。

全書處處是令人驚奇的敘述。文字親切活潑，譯文也稱職的反映了這種美質。插畫細膩生動，圖解清楚易懂，是很適合師生共讀、親子共賞的自然科學讀物。

兒童文學作家 林良

法布爾爺爺又來了！這一次，他將為我們訴說怎樣迷人而有趣的昆蟲故事呢？
透過生花妙筆的詮釋、趣味盎然的譯文，讓我們一起走入法國昆蟲詩人——法布爾爺爺樂此不疲的昆蟲世界吧！

自然繪本作家 **邱承宗**

法布爾是昆蟲研究者的瑰寶，他對許多生物的研究觀察記錄都長達數十年之久，深入而細膩。他也是第一個將實驗室帶到戶外、直擊第一手現場追蹤記錄的觀察家。
這一系列的知識類繪本，汲取了法布爾的研究精神，將知識融入情境，並以細節放大的方式，彷彿引領孩子進入實地現場，展現觀察變化的過程，這正是法布爾精神所在。知識的傳遞需要方法，昆蟲的研究與觀察尤其需要極大的耐心和毅力。這套書清新可喜，既寫意也傳真，可謂掌握了法布爾的研究精要。

自然文學作家・校園共讀推動者 **凌拂**

在世界人口數爆炸、都市化急速發生、生態環境不斷惡化的現在，昆蟲可以說是最適合小朋友學習並愛上大自然的材料了。透過觀察昆蟲行為與生態的感動，小朋友便能夠在成長過程中了解愛護、保護環境的重要。一套文字優美、內容正確的讀物則是讓小朋友獲得昆蟲知識的不二選擇。
這套書的作者把關於昆蟲的知識，以鮮活生動的筆觸訴說出來，讓小朋友和陪伴閱讀的家長與老師都能愉悅的走進昆蟲世界。我很感動作者的用心，也很羨慕現在的讀者。

臺師大生命科學系教授・昆蟲學家 **徐堉峰**

法布爾的〈昆蟲記〉是一般喜好昆蟲的大、小朋友再熟悉不過的「昆蟲聖經」。如今，從〈昆蟲記〉衍生而出的繪本〈法布爾爺爺教我的事〉讓小小朋友也有機會初探法布爾的昆蟲王國。這系列圖畫書利用淺顯而詳實的圖文筆觸，將各種昆蟲最精華的生命故事表露無遺，連喜好昆蟲的大朋友都值得細細品味與珍藏。

昆蟲作家 **張永仁**